THIS BOOK BELONGS TO :

_____

_____

_____

Home Network Settings

Broadband Modem : ....

Model : ....

Serial Number : ....

MAC Address : ....

Administration URL/IP Address : ....

WAN IP Address : ....

User Name : ....

Password : ....

Router/Wireless Access Point : ....

Model : ....

Serial Number : ....

Default IP Address : ....

Default User Name : ....

Default Password : ....

User Defined IP Address : ....

User Defined User Name : ....

User Defined Password : ....

Home Network Settings

WAN Settings : ....

MAC Address : ....

IP Address : ....

Host Name : ....

Domain Name : ....

Subnet Mask : ....

Default Gateway : ....

DNS Primary : ....

DNS Secondary : ....

LAN Settings :...

IP Address : ....

Subnet Mask : ....

DHCP Range : ....

Wireless Settings : ....

SSID Network Name : ....

Security Mode : ....

Shared Key WPA : ....

PassPhrase WEP : ....

Internet and Computer Informations

ISP Name : ....
....

Account Number : ....

Tech Support : ....

Customer Service : ....

Email : ....

Mail Server Type : ....

Incoming Server : ....

Outgoing Server : ....

User Name : ....

Password : ....

Domain : ....

Tips

Use long passwords - preferably 8 characters or longer

Use strong passwords : a combination of upper and lowercase letters, symbols and numbers

Don't use the same password for multiple accounts

Don't share your password with other person

Don't use passwords that include common words

Don't use personal information like your birthday, names of spouse, kids, other relatives, or pets.

Avoid consecutive keyboard combinations such as qwerty or asdfg

Change your passwords periodically, and avoid reusing a password for at least one year.

Email

Email : ....

Password : ....

Notes : ....

....

Email : ....

Password : ....

Notes : ....

....

Email : ....

Password : ....

Notes : ....

....

Email : ....

Password : ....

Notes : ....

....

Email : ....

Password : ....

Notes : ....

....

Email

Email : ....

Password : ....

Notes : ....

....

Email : ....

Password : ....

Notes : ....

....

Email : ....

Password : ....

Notes : ....

....

Email : ....

Password : ....

Notes : ....

....

Email : ....

Password : ....

Notes : ....

....

Email

Email   : ....

Password : ....

Notes   : ....

....

Email   : ....

Password : ....

Notes   : ....

....

Email   : ....

Password : ....

Notes   : ....

....

Email   : ....

Password : ....

Notes   : ....

....

Email   : ....

Password : ....

Notes   : ....

....

Email

Email : ....

Password : ....

Notes : ....

....

Email : ....

Password : ....

Notes : ....

....

Email : ....

Password : ....

Notes : ....

....

Email : ....

Password : ....

Notes : ....

....

Email : ....

Password : ....

Notes : ....

....

Notes

Notes

A
B
C
D
E
F
G
H
I
J
K
L
M
N
O
P
Q
R
S
T
U
V
W
X
Y
Z

Name : ....
Website : ....
Login : ....
Password : ....
Notes : ....
....

Name : ....
Website : ....
Login : ....
Password : ....
Notes : ....
....

Name : ....
Website : ....
Login : ....
Password : ....
Notes : ....
....

Name : ....
Website : ....
Login : ....
Password : ....
Notes : ....
....

Name	: ....
Website	: ....
Login	: ....
Password	: ....
Notes	: ....
	....

Name	: ....
Website	: ....
Login	: ....
Password	: ....
Notes	: ....
	....

Name	: ....
Website	: ....
Login	: ....
Password	: ....
Notes	: ....
	....

Name	: ....
Website	: ....
Login	: ....
Password	: ....
Notes	: ....
	....

A
B
C
D
E
F
G
H
I
J
K
L
M
N
O
P
Q
R
S
T
U
V
W
X
Y
Z

A
B
C
D
E
F
G
H
I
J
K
L
M
N
O
P
Q
R
S
T
U
V
W
X
Y
Z

Name : ....
Website : ....
Login : ....
Password : ....
Notes : ....
....

Name : ....
Website : ....
Login : ....
Password : ....
Notes : ....
....

Name : ....
Website : ....
Login : ....
Password : ....
Notes : ....
....

Name : ....
Website : ....
Login : ....
Password : ....
Notes : ....
....

Name   : ....
Website   : ....
Login   : ....
Password : ....
Notes   : ....
....

Name   : ....
Website   : ....
Login   : ....
Password : ....
Notes   : ....
....

Name   : ....
Website   : ....
Login   : ....
Password : ....
Notes   : ....
....

Name   : ....
Website   : ....
Login   : ....
Password : ....
Notes   : ....
....

A
B
C
D
E
F
G
H
I
J
K
L
M
N
O
P
Q
R
S
T
U
V
W
X
Y
Z

A
B
C
D
E
F
G
H
I
J
K
L
M
N
O
P
Q
R
S
T
U
V
W
X
Y
Z

Name   : ....
Website   : ....
Login   : ....
Password   : ....
Notes   : ....
....

Name   : ....
Website   : ....
Login   : ....
Password   : ....
Notes   : ....
....

Name   : ....
Website   : ....
Login   : ....
Password   : ....
Notes   : ....
....

Name   : ....
Website   : ....
Login   : ....
Password   : ....
Notes   : ....
....

Name	: ....
Website	: ....
Login	: ....
Password	: ....
Notes	: ....

....

Name	: ....
Website	: ....
Login	: ....
Password	: ....
Notes	: ....

....

Name	: ....
Website	: ....
Login	: ....
Password	: ....
Notes	: ....

....

Name	: ....
Website	: ....
Login	: ....
Password	: ....
Notes	: ....

....

A
B
C
D
E
F
G
H
I
J
K
L
M
N
O
P
Q
R
S
T
U
V
W
X
Y
Z

A B C D E F G H I J K L M N O P Q R S T U V W X Y **Z**

Name : ....

Website : ....

Login : ....

Password : ....

Notes : ....

....

Name : ....

Website : ....

Login : ....

Password : ....

Notes : ....

....

Name : ....

Website : ....

Login : ....

Password : ....

Notes : ....

....

Name : ....

Website : ....

Login : ....

Password : ....

Notes : ....

....

Name   : ....

Website : ....

Login   : ....

Password : ....

Notes   : ....

....

Name   : ....

Website : ....

Login   : ....

Password : ....

Notes   : ....

....

Name   : ....

Website : ....

Login   : ....

Password : ....

Notes   : ....

....

Name   : ....

Website : ....

Login   : ....

Password : ....

Notes   : ....

....

A
B
C
D
E
F
G
H
I
J
K
L
M
N
O
P
Q
R
S
T
U
V
W
X
Y
Z

A
B
C
D
E
F
G
H
I
J
K
L
M
N
O
P
Q
R
S
T
U
V
W
X
Y
Z

Name : ....
Website : ....
Login : ....
Password : ....
Notes : ....
....

Name : ....
Website : ....
Login : ....
Password : ....
Notes : ....
....

Name : ....
Website : ....
Login : ....
Password : ....
Notes : ....
....

Name : ....
Website : ....
Login : ....
Password : ....
Notes : ....
....

Name   : ....
Website : ....
Login   : ....
Password : ....
Notes   : ....
....

Name   : ....
Website : ....
Login   : ....
Password : ....
Notes   : ....
....

Name   : ....
Website : ....
Login   : ....
Password : ....
Notes   : ....
....

Name   : ....
Website : ....
Login   : ....
Password : ....
Notes   : ....
....

A
B
C
D
E
F
G
H
I
J
K
L
M
N
O
P
Q
R
S
T
U
V
W
X
Y
Z

Name : ....

Website : ....

Login : ....

Password : ....

Notes : ....

....

Name : ....

Website : ....

Login : ....

Password : ....

Notes : ....

....

Name : ....

Website : ....

Login : ....

Password : ....

Notes : ....

....

Name : ....

Website : ....

Login : ....

Password : ....

Notes : ....

....

Name   : ....

Website   : ....

Login   : ....

Password : ....

Notes   : ....

....

Name   : ....

Website   : ....

Login   : ....

Password : ....

Notes   : ....

....

Name   : ....

Website   : ....

Login   : ....

Password : ....

Notes   : ....

....

Name   : ....

Website   : ....

Login   : ....

Password : ....

Notes   : ....

....

A
B
C
D
E
F
G
H
I
J
K
L
M
N
O
P
Q
R
S
T
U
V
W
X
Y
Z

Name : ....

Website : ....

Login : ....

Password : ....

Notes : ....

....

Name : ....

Website : ....

Login : ....

Password : ....

Notes : ....

....

Name : ....

Website : ....

Login : ....

Password : ....

Notes : ....

....

Name : ....

Website : ....

Login : ....

Password : ....

Notes : ....

....

Name : ....
Website : ....
Login : ....
Password : ....
Notes : ....
....

Name : ....
Website : ....
Login : ....
Password : ....
Notes : ....
....

Name : ....
Website : ....
Login : ....
Password : ....
Notes : ....
....

Name : ....
Website : ....
Login : ....
Password : ....
Notes : ....
....

A
B
C
D
E
F
G
H
I
J
K
L
M
N
O
P
Q
R
S
T
U
V
W
X
Y
Z

A
B
C
D
E
F
G
H
I
J
K
L
M
N
O
P
Q
R
S
T
U
V
W
X
Y
Z

Name : ....
Website : ....
Login : ....
Password : ....
Notes : ....
 ....

Name : ....
Website : ....
Login : ....
Password : ....
Notes : ....
 ....

Name : ....
Website : ....
Login : ....
Password : ....
Notes : ....
 ....

Name : ....
Website : ....
Login : ....
Password : ....
Notes : ....
 ....

Name   : ....

Website   : ....

Login   : ....

Password : ....

Notes   : ....

....

Name   : ....

Website   : ....

Login   : ....

Password : ....

Notes   : ....

....

Name   : ....

Website   : ....

Login   : ....

Password : ....

Notes   : ....

....

Name   : ....

Website   : ....

Login   : ....

Password : ....

Notes   : ....

....

A
B
C
D
E
F
G
H
I
J
K
L
M
N
O
P
Q
R
S
T
U
V
W
X
Y
Z

A
B
C
D
E
F
G
H
I
J
K
L
M
N
O
P
Q
R
S
T
U
V
W
X
Y
Z

Name : ....

Website : ....

Login : ....

Password : ....

Notes : ....

....

Name : ....

Website : ....

Login : ....

Password : ....

Notes : ....

....

Name : ....

Website : ....

Login : ....

Password : ....

Notes : ....

....

Name : ....

Website : ....

Login : ....

Password : ....

Notes : ....

....

Name	: ....
Website	: ....
Login	: ....
Password	: ....
Notes	: ....

....

Name	: ....
Website	: ....
Login	: ....
Password	: ....
Notes	: ....

....

Name	: ....
Website	: ....
Login	: ....
Password	: ....
Notes	: ....

....

Name	: ....
Website	: ....
Login	: ....
Password	: ....
Notes	: ....

....

A
B
C
D
E
F
G
H
I
J
K
L
M
N
O
P
Q
R
S
T
U
V
W
X
Y
Z

A
B
C
D
E
F
G
H
I
J
K
L
M
N
O
P
Q
R
S
T
U
V
W
X
Y
Z

Name : ....

Website : ....

Login : ....

Password : ....

Notes : ....

....

Name : ....

Website : ....

Login : ....

Password : ....

Notes : ....

....

Name : ....

Website : ....

Login : ....

Password : ....

Notes : ....

....

Name : ....

Website : ....

Login : ....

Password : ....

Notes : ....

....

Name   : ....
Website   : ....
Login   : ....
Password : ....
Notes   : ....
....

Name   : ....
Website   : ....
Login   : ....
Password : ....
Notes   : ....
....

Name   : ....
Website   : ....
Login   : ....
Password : ....
Notes   : ....
....

Name   : ....
Website   : ....
Login   : ....
Password : ....
Notes   : ....
....

A
B
C
D
E
F
G
H
I
J
K
L
M
N
O
P
Q
R
S
T
U
V
W
X
Y
Z

A
B
C
D
E
F
G
H
I
J
K
L
M
N
O
P
Q
R
S
T
U
V
W
X
Y
Z

Name : ....
Website : ....
Login : ....
Password : ....
Notes : ....
....

Name : ....
Website : ....
Login : ....
Password : ....
Notes : ....
....

Name : ....
Website : ....
Login : ....
Password : ....
Notes : ....
....

Name : ....
Website : ....
Login : ....
Password : ....
Notes : ....
....

Name : ....

Website : ....

Login : ....

Password : ....

Notes : ....

....

Name : ....

Website : ....

Login : ....

Password : ....

Notes : ....

....

Name : ....

Website : ....

Login : ....

Password : ....

Notes : ....

....

Name : ....

Website : ....

Login : ....

Password : ....

Notes : ....

....

A
B
C
D
E
F
G
H
I
J
K
L
M
N
O
P
Q
R
S
T
U
V
W
X
Y
Z

A
B
C
D
E
F
G
H
I
J
K
L
M
N
O
P
Q
R
S
T
U
V
W
X
Y
Z

Name : ....
Website : ....
Login : ....
Password : ....
Notes : ....
....

Name : ....
Website : ....
Login : ....
Password : ....
Notes : ....
....

Name : ....
Website : ....
Login : ....
Password : ....
Notes : ....
....

Name : ....
Website : ....
Login : ....
Password : ....
Notes : ....
....

Name	: ....
Website	: ....
Login	: ....
Password	: ....
Notes	: ....

....

Name	: ....
Website	: ....
Login	: ....
Password	: ....
Notes	: ....

....

Name	: ....
Website	: ....
Login	: ....
Password	: ....
Notes	: ....

....

Name	: ....
Website	: ....
Login	: ....
Password	: ....
Notes	: ....

....

A
B
C
D
E
F
G
H
I
J
K
L
M
N
O
P
Q
R
S
T
U
V
W
X
Y
Z

A
B
C
D
E
F
G
H
I
J
K
L
M
N
O
P
Q
R
S
T
U
V
W
X
Y
Z

Name : ....

Website : ....

Login : ....

Password : ....

Notes : ....

....

Name : ....

Website : ....

Login : ....

Password : ....

Notes : ....

....

Name : ....

Website : ....

Login : ....

Password : ....

Notes : ....

....

Name : ....

Website : ....

Login : ....

Password : ....

Notes : ....

....

Name   : ....

Website : ....

Login   : ....

Password : ....

Notes   : ....

....

Name   : ....

Website : ....

Login   : ....

Password : ....

Notes   : ....

....

Name   : ....

Website : ....

Login   : ....

Password : ....

Notes   : ....

....

Name   : ....

Website : ....

Login   : ....

Password : ....

Notes   : ....

....

A B C D E F G H I J K L M N O P Q R S T U V W X Y Z

Name : ....

Website : ....

Login : ....

Password : ....

Notes : ....

....

Name : ....

Website : ....

Login : ....

Password : ....

Notes : ....

....

Name : ....

Website : ....

Login : ....

Password : ....

Notes : ....

....

Name : ....

Website : ....

Login : ....

Password : ....

Notes : ....

....

Name	: ....
Website	: ....
Login	: ....
Password	: ....
Notes	: ....

....

Name	: ....
Website	: ....
Login	: ....
Password	: ....
Notes	: ....

....

Name	: ....
Website	: ....
Login	: ....
Password	: ....
Notes	: ....

....

Name	: ....
Website	: ....
Login	: ....
Password	: ....
Notes	: ....

....

A
B
C
D
E
F
G
H
I
J
K
L
M
N
O
P
Q
R
S
T
U
V
W
X
Y
Z

A
B
C
D
E
F
G
H
I
J
K
L
M
N
O
P
Q
R
S
T
U
V
W
X
Y
Z

Name : ....
Website : ....
Login : ....
Password : ....
Notes : ....
....

Name : ....
Website : ....
Login : ....
Password : ....
Notes : ....
....

Name : ....
Website : ....
Login : ....
Password : ....
Notes : ....
....

Name : ....
Website : ....
Login : ....
Password : ....
Notes : ....
....

Name : ....

Website : ....

Login : ....

Password : ....

Notes : ....

....

Name : ....

Website : ....

Login : ....

Password : ....

Notes : ....

....

Name : ....

Website : ....

Login : ....

Password : ....

Notes : ....

....

Name : ....

Website : ....

Login : ....

Password : ....

Notes : ....

....

A
B
C
D
E
F
G
H
I
J
K
L
M
N
O
P
Q
R
S
T
U
V
W
X
Y
Z

A
B
C
D
E
F
G
H
I
J
K
L
M
N
O
P
Q
R
S
T
U
V
W
X
Y
Z

Name : ....

Website : ....

Login : ....

Password : ....

Notes : ....

....

Name : ....

Website : ....

Login : ....

Password : ....

Notes : ....

....

Name : ....

Website : ....

Login : ....

Password : ....

Notes : ....

....

Name : ....

Website : ....

Login : ....

Password : ....

Notes : ....

....

Name   : ....

Website   : ....

Login   : ....

Password   : ....

Notes   : ....

....

Name   : ....

Website   : ....

Login   : ....

Password   : ....

Notes   : ....

....

Name   : ....

Website   : ....

Login   : ....

Password   : ....

Notes   : ....

....

Name   : ....

Website   : ....

Login   : ....

Password   : ....

Notes   : ....

....

A
B
C
D
E
F
G
H
I
J
K
L
M
N
O
P
Q
R
S
T
U
V
W
X
Y
Z

A B C D E F G H I J K L M N O P Q R S T U V W X Y Z

Name : ....
Website : ....
Login : ....
Password : ....
Notes : ....
....

Name : ....
Website : ....
Login : ....
Password : ....
Notes : ....
....

Name : ....
Website : ....
Login : ....
Password : ....
Notes : ....
....

Name : ....
Website : ....
Login : ....
Password : ....
Notes : ....
....

Name	: ....
Website	: ....
Login	: ....
Password	: ....
Notes	: ....

....

Name	: ....
Website	: ....
Login	: ....
Password	: ....
Notes	: ....

....

Name	: ....
Website	: ....
Login	: ....
Password	: ....
Notes	: ....

....

Name	: ....
Website	: ....
Login	: ....
Password	: ....
Notes	: ....

....

A B C D E F G H I J K L M N O P Q R S T U V W X Y Z

A B C D E F G H I J K L M N O P Q R S T U V W X Y Z

Name : ....

Website : ....

Login : ....

Password : ....

Notes : ....

....

Name : ....

Website : ....

Login : ....

Password : ....

Notes : ....

....

Name : ....

Website : ....

Login : ....

Password : ....

Notes : ....

....

Name : ....

Website : ....

Login : ....

Password : ....

Notes : ....

....

Name	: ....
Website	: ....
Login	: ....
Password	: ....
Notes	: ....
	....

Name	: ....
Website	: ....
Login	: ....
Password	: ....
Notes	: ....
	....

Name	: ....
Website	: ....
Login	: ....
Password	: ....
Notes	: ....
	....

Name	: ....
Website	: ....
Login	: ....
Password	: ....
Notes	: ....
	....

A
B
C
D
E
F
G
H
I
J
K
L
M
N
O
P
Q
R
S
T
U
V
W
X
Y
Z

A
B
C
D
E
F
G
H
I
J
K
L
M
N
O
P
Q
R
S
T
U
V
W
X
Y
Z

Name : ....

Website : ....

Login : ....

Password : ....

Notes : ....

....

Name : ....

Website : ....

Login : ....

Password : ....

Notes : ....

....

Name : ....

Website : ....

Login : ....

Password : ....

Notes : ....

....

Name : ....

Website : ....

Login : ....

Password : ....

Notes : ....

....

Name   : ....

Website   : ....

Login   : ....

Password   : ....

Notes   : ....

....

Name   : ....

Website   : ....

Login   : ....

Password   : ....

Notes   : ....

....

Name   : ....

Website   : ....

Login   : ....

Password   : ....

Notes   : ....

....

Name   : ....

Website   : ....

Login   : ....

Password   : ....

Notes   : ....

....

A
B
C
D
E
F
G
H
I
J
K
L
M
N
O
P
Q
R
S
T
U
V
W
X
Y
Z

A
B
C
D
E
F
G
H
I
J
K
L
M
N
O
P
Q
R
S
T
U
V
W
X
Y
Z

Name : ....

Website : ....

Login : ....

Password : ....

Notes : ....

....

Name : ....

Website : ....

Login : ....

Password : ....

Notes : ....

....

Name : ....

Website : ....

Login : ....

Password : ....

Notes : ....

....

Name : ....

Website : ....

Login : ....

Password : ....

Notes : ....

....

Name	: ....
Website	: ....
Login	: ....
Password	: ....
Notes	: ....
	....

Name	: ....
Website	: ....
Login	: ....
Password	: ....
Notes	: ....
	....

Name	: ....
Website	: ....
Login	: ....
Password	: ....
Notes	: ....
	....

Name	: ....
Website	: ....
Login	: ....
Password	: ....
Notes	: ....
	....

A
B
C
D
E
F
G
H
I
J
K
L
M
N
O
P
Q
R
S
T
U
V
W
X
Y
Z

A
B
C
D
E
F
G
H
I
J
K
L
M
N
O
P
Q
R
S
T
U
V
W
X
Y
Z

Name : ....

Website : ....

Login : ....

Password : ....

Notes : ....

....

Name : ....

Website : ....

Login : ....

Password : ....

Notes : ....

....

Name : ....

Website : ....

Login : ....

Password : ....

Notes : ....

....

Name : ....

Website : ....

Login : ....

Password : ....

Notes : ....

....

Name	: ....
Website	: ....
Login	: ....
Password	: ....
Notes	: ....
	....

Name	: ....
Website	: ....
Login	: ....
Password	: ....
Notes	: ....
	....

Name	: ....
Website	: ....
Login	: ....
Password	: ....
Notes	: ....
	....

Name	: ....
Website	: ....
Login	: ....
Password	: ....
Notes	: ....
	....

A
B
C
D
E
F
G
H
I
J
K
L
M
N
O
P
Q
R
S
T
U
V
W
X
Y
Z

A
B
C
D
E
F
G
H
I
J
K
L
M
N
O
P
Q
R
S
T
U
V
W
X
Y
Z

Name : ....

Website : ....

Login : ....

Password : ....

Notes : ....

....

Name : ....

Website : ....

Login : ....

Password : ....

Notes : ....

....

Name : ....

Website : ....

Login : ....

Password : ....

Notes : ....

....

Name : ....

Website : ....

Login : ....

Password : ....

Notes : ....

....

Name	: ....
Website	: ....
Login	: ....
Password	: ....
Notes	: ....

....

Name	: ....
Website	: ....
Login	: ....
Password	: ....
Notes	: ....

....

Name	: ....
Website	: ....
Login	: ....
Password	: ....
Notes	: ....

....

Name	: ....
Website	: ....
Login	: ....
Password	: ....
Notes	: ....

....

A
B
C
D
E
F
G
H
I
J
K
L
M
N
O
P
Q
R
S
T
U
V
W
X
Y
Z

A
B
C
D
E
F
G
H
I
J
K
L
M
N
O
P
Q
R
S
T
U
V
W
X
Y
Z

Name : ....
Website : ....
Login : ....
Password : ....
Notes : ....
....

Name : ....
Website : ....
Login : ....
Password : ....
Notes : ....
....

Name : ....
Website : ....
Login : ....
Password : ....
Notes : ....
....

Name : ....
Website : ....
Login : ....
Password : ....
Notes : ....
....

Name : ....

Website : ....

Login : ....

Password : ....

Notes : ....

....

Name : ....

Website : ....

Login : ....

Password : ....

Notes : ....

....

Name : ....

Website : ....

Login : ....

Password : ....

Notes : ....

....

Name : ....

Website : ....

Login : ....

Password : ....

Notes : ....

....

A
B
C
D
E
F
G
H
I
J
K
L
M
N
O
P
Q
R
S
T
U
V
W
X
Y
Z

A
B
C
D
E
F
G
H
I
J
K
L
M
N
O
P
Q
R
S
T
U
V
W
X
Y
Z

Name : ....
Website : ....
Login : ....
Password : ....
Notes : ....
....

Name : ....
Website : ....
Login : ....
Password : ....
Notes : ....
....

Name : ....
Website : ....
Login : ....
Password : ....
Notes : ....
....

Name : ....
Website : ....
Login : ....
Password : ....
Notes : ....
....

Name	: ....
Website	: ....
Login	: ....
Password	: ....
Notes	: ....

....

Name	: ....
Website	: ....
Login	: ....
Password	: ....
Notes	: ....

....

Name	: ....
Website	: ....
Login	: ....
Password	: ....
Notes	: ....

....

Name	: ....
Website	: ....
Login	: ....
Password	: ....
Notes	: ....

....

A
B
C
D
E
F
G
H
I
J
K
L
M
N
O
P
Q
R
S
T
U
V
W
X
Y
Z

Name   : ....

Website : ....

Login   : ....

Password : ....

Notes   : ....

....

Name   : ....

Website : ....

Login   : ....

Password : ....

Notes   : ....

....

Name   : ....

Website : ....

Login   : ....

Password : ....

Notes   : ....

....

Name   : ....

Website : ....

Login   : ....

Password : ....

Notes   : ....

....

Name	: ....
Website	: ....
Login	: ....
Password	: ....
Notes	: ....
	....

Name	: ....
Website	: ....
Login	: ....
Password	: ....
Notes	: ....
	....

Name	: ....
Website	: ....
Login	: ....
Password	: ....
Notes	: ....
	....

Name	: ....
Website	: ....
Login	: ....
Password	: ....
Notes	: ....
	....

A
B
C
D
E
F
G
H
I
J
K
L
M
N
O
P
Q
R
S
T
U
V
W
X
Y
Z

A
B
C
D
E
F
G
H
I
J
K
L
M
N
O
P
Q
R
S
T
U
V
W
X
Y
Z

Name : ....

Website : ....

Login : ....

Password : ....

Notes : ....

....

Name : ....

Website : ....

Login : ....

Password : ....

Notes : ....

....

Name : ....

Website : ....

Login : ....

Password : ....

Notes : ....

....

Name : ....

Website : ....

Login : ....

Password : ....

Notes : ....

....

Name   : ....

Website   : ....

Login   : ....

Password : ....

Notes   : ....

....

Name   : ....

Website   : ....

Login   : ....

Password : ....

Notes   : ....

....

Name   : ....

Website   : ....

Login   : ....

Password : ....

Notes   : ....

....

Name   : ....

Website   : ....

Login   : ....

Password : ....

Notes   : ....

....

A
B
C
D
E
F
G
H
I
J
K
L
M
N
O
P
Q
R
S
T
U
V
W
X
Y
Z

A
B
C
D
E
F
G
H
I
J
K
L
M
N
O
P
Q
R
S
T
U
V
W
X
Y
Z

Name   : ....

Website   : ....

Login   : ....

Password : ....

Notes   : ....

....

Name   : ....

Website   : ....

Login   : ....

Password : ....

Notes   : ....

....

Name   : ....

Website   : ....

Login   : ....

Password : ....

Notes   : ....

....

Name   : ....

Website   : ....

Login   : ....

Password : ....

Notes   : ....

....

Name   : ....

Website   : ....

Login   : ....

Password   : ....

Notes   : ....

....

Name   : ....

Website   : ....

Login   : ....

Password   : ....

Notes   : ....

....

Name   : ....

Website   : ....

Login   : ....

Password   : ....

Notes   : ....

....

Name   : ....

Website   : ....

Login   : ....

Password   : ....

Notes   : ....

....

A
B
C
D
E
F
G
H
I
J
K
L
M
N
O
P
Q
R
S
T
U
V
W
X
Y
Z

A
B
C
D
E
F
G
H
I
J
K
L
M
N
O
P
Q
R
S
T
U
V
W
X
Y
Z

Name : ....
Website : ....
Login : ....
Password : ....
Notes : ....
....

Name : ....
Website : ....
Login : ....
Password : ....
Notes : ....
....

Name : ....
Website : ....
Login : ....
Password : ....
Notes : ....
....

Name : ....
Website : ....
Login : ....
Password : ....
Notes : ....
....

Name	: ....
Website	: ....
Login	: ....
Password	: ....
Notes	: ....

....

Name	: ....
Website	: ....
Login	: ....
Password	: ....
Notes	: ....

....

Name	: ....
Website	: ....
Login	: ....
Password	: ....
Notes	: ....

....

Name	: ....
Website	: ....
Login	: ....
Password	: ....
Notes	: ....

....

A
B
C
D
E
F
G
H
I
J
K
L
M
N
O
P
Q
R
S
T
U
V
W
X
Y
Z

A
B
C
D
E
F
G
H
I
J
K
L
M
N
O
P
Q
R
S
T
U
V
W
X
Y
Z

Name : ....
Website : ....
Login : ....
Password : ....
Notes : ....
....

Name : ....
Website : ....
Login : ....
Password : ....
Notes : ....
....

Name : ....
Website : ....
Login : ....
Password : ....
Notes : ....
....

Name : ....
Website : ....
Login : ....
Password : ....
Notes : ....
....

Name	: ....
Website	: ....
Login	: ....
Password	: ....
Notes	: ....
	....

Name	: ....
Website	: ....
Login	: ....
Password	: ....
Notes	: ....
	....

Name	: ....
Website	: ....
Login	: ....
Password	: ....
Notes	: ....
	....

Name	: ....
Website	: ....
Login	: ....
Password	: ....
Notes	: ....
	....

A
B
C
D
E
F
G
H
I
J
K
L
M
N
O
P
Q
R
S
T
U
V
W
X
Y
Z

A
B
C
D
E
F
G
H
I
J
K
L
M
N
O
P
Q
R
S
T
U
V
W
X
Y
Z

Name   : ....

Website   : ....

Login   : ....

Password : ....

Notes   : ....

....

Name   : ....

Website   : ....

Login   : ....

Password : ....

Notes   : ....

....

Name   : ....

Website   : ....

Login   : ....

Password : ....

Notes   : ....

....

Name   : ....

Website   : ....

Login   : ....

Password : ....

Notes   : ....

....

Name	: ....
Website	: ....
Login	: ....
Password	: ....
Notes	: ....
	....

Name	: ....
Website	: ....
Login	: ....
Password	: ....
Notes	: ....
	....

Name	: ....
Website	: ....
Login	: ....
Password	: ....
Notes	: ....
	....

Name	: ....
Website	: ....
Login	: ....
Password	: ....
Notes	: ....
	....

A
B
C
D
E
F
G
H
I
J
K
L
M
N
O
P
Q
R
S
T
U
V
W
X
Y
Z

A
B
C
D
E
F
G
H
I
J
K
L
M
N
O
P
Q
R
S
T
U
V
W
X
Y
Z

Name : ....
Website : ....
Login : ....
Password : ....
Notes : ....
....

Name : ....
Website : ....
Login : ....
Password : ....
Notes : ....
....

Name : ....
Website : ....
Login : ....
Password : ....
Notes : ....
....

Name : ....
Website : ....
Login : ....
Password : ....
Notes : ....
....

Name	: ....
Website	: ....
Login	: ....
Password	: ....
Notes	: ....

....

Name	: ....
Website	: ....
Login	: ....
Password	: ....
Notes	: ....

....

Name	: ....
Website	: ....
Login	: ....
Password	: ....
Notes	: ....

....

Name	: ....
Website	: ....
Login	: ....
Password	: ....
Notes	: ....

....

A
B
C
D
E
F
G
H
I
J
K
L
M
N
O
P
Q
R
S
T
U
V
W
X
Y
Z

A
B
C
D
E
F
G
H
I
J
K
L
M
N
O
P
Q
R
S
T
U
V
W
X
Y
Z

Name   : ....
Website   : ....
Login   : ....
Password   : ....
Notes   : ....
....

Name   : ....
Website   : ....
Login   : ....
Password   : ....
Notes   : ....
....

Name   : ....
Website   : ....
Login   : ....
Password   : ....
Notes   : ....
....

Name   : ....
Website   : ....
Login   : ....
Password   : ....
Notes   : ....
....

Name : ....

Website : ....

Login : ....

Password : ....

Notes : ....

....

Name : ....

Website : ....

Login : ....

Password : ....

Notes : ....

....

Name : ....

Website : ....

Login : ....

Password : ....

Notes : ....

....

Name : ....

Website : ....

Login : ....

Password : ....

Notes : ....

....

A B C D E F G H I J K L M N O P Q R S T U V W X Y Z

A
B
C
D
E
F
G
H
I
J
K
L
M
N
O
P
Q
R
S
T
U
V
W
X
Y
Z

Name : ....

Website : ....

Login : ....

Password : ....

Notes : ....

....

Name : ....

Website : ....

Login : ....

Password : ....

Notes : ....

....

Name : ....

Website : ....

Login : ....

Password : ....

Notes : ....

....

Name : ....

Website : ....

Login : ....

Password : ....

Notes : ....

....

Name   : ....

Website   : ....

Login   : ....

Password : ....

Notes   : ....

....

Name   : ....

Website   : ....

Login   : ....

Password : ....

Notes   : ....

....

Name   : ....

Website   : ....

Login   : ....

Password : ....

Notes   : ....

....

Name   : ....

Website   : ....

Login   : ....

Password : ....

Notes   : ....

....

A
B
C
D
E
F
G
H
I
J
K
L
M
N
O
P
Q
R
S
T
U
V
W
X
Y
Z

A
B
C
D
E
F
G
H
I
J
K
L
M
N
O
P
Q
R
S
T
U
V
W
X
Y
Z

Name : ....

Website : ....

Login : ....

Password : ....

Notes : ....

....

Name : ....

Website : ....

Login : ....

Password : ....

Notes : ....

....

Name : ....

Website : ....

Login : ....

Password : ....

Notes : ....

....

Name : ....

Website : ....

Login : ....

Password : ....

Notes : ....

....

Name   : ....
Website   : ....
Login   : ....
Password : ....
Notes   : ....
....

Name   : ....
Website   : ....
Login   : ....
Password : ....
Notes   : ....
....

Name   : ....
Website   : ....
Login   : ....
Password : ....
Notes   : ....
....

Name   : ....
Website   : ....
Login   : ....
Password : ....
Notes   : ....
....

A
B
C
D
E
F
G
H
I
J
K
L
M
N
O
P
Q
R
S
T
U
V
W
X
Y
Z

A
B
C
D
E
F
G
H
I
J
K
L
M
N
O
P
Q
R
S
T
U
V
W
X
Y
Z

Name : ....
Website : ....
Login : ....
Password : ....
Notes : ....
....

Name : ....
Website : ....
Login : ....
Password : ....
Notes : ....
....

Name : ....
Website : ....
Login : ....
Password : ....
Notes : ....
....

Name : ....
Website : ....
Login : ....
Password : ....
Notes : ....
....

Name	: ....
Website	: ....
Login	: ....
Password	: ....
Notes	: ....

....

Name	: ....
Website	: ....
Login	: ....
Password	: ....
Notes	: ....

....

Name	: ....
Website	: ....
Login	: ....
Password	: ....
Notes	: ....

....

Name	: ....
Website	: ....
Login	: ....
Password	: ....
Notes	: ....

....

A
B
C
D
E
F
G
H
I
J
K
L
M
N
O
P
Q
R
S
T
U
V
W
X
Y
Z

A B C D E F G H I J K L M N O P Q R S T U V W X Y Z

Name : ....

Website : ....

Login : ....

Password : ....

Notes : ....

....

Name : ....

Website : ....

Login : ....

Password : ....

Notes : ....

....

Name : ....

Website : ....

Login : ....

Password : ....

Notes : ....

....

Name : ....

Website : ....

Login : ....

Password : ....

Notes : ....

....

Name   : ....

Website   : ....

Login   : ....

Password : ....

Notes   : ....

....

Name   : ....

Website   : ....

Login   : ....

Password : ....

Notes   : ....

....

Name   : ....

Website   : ....

Login   : ....

Password : ....

Notes   : ....

....

Name   : ....

Website   : ....

Login   : ....

Password : ....

Notes   : ....

....

A B C D E F G H I J K L M N O P Q R S T U V W X Y Z

A
B
C
D
E
F
G
H
I
J
K
L
M
N
O
P
Q
R
S
T
U
V
W
X
Y
Z

Name : ....

Website : ....

Login : ....

Password : ....

Notes : ....

....

Name : ....

Website : ....

Login : ....

Password : ....

Notes : ....

....

Name : ....

Website : ....

Login : ....

Password : ....

Notes : ....

....

Name : ....

Website : ....

Login : ....

Password : ....

Notes : ....

....

Name   : ....

Website   : ....

Login   : ....

Password : ....

Notes   : ....

....

Name   : ....

Website   : ....

Login   : ....

Password : ....

Notes   : ....

....

Name   : ....

Website   : ....

Login   : ....

Password : ....

Notes   : ....

....

Name   : ....

Website   : ....

Login   : ....

Password : ....

Notes   : ....

....

A
B
C
D
E
F
G
H
I
J
K
L
M
N
O
P
Q
R
S
T
U
V
W
X
Y
Z

A
B
C
D
E
F
G
H
I
J
K
L
M
N
O
P
Q
R
S
T
U
V
W
X
Y
Z

Name : ....
Website : ....
Login : ....
Password : ....
Notes : ....
....

Name : ....
Website : ....
Login : ....
Password : ....
Notes : ....
....

Name : ....
Website : ....
Login : ....
Password : ....
Notes : ....
....

Name : ....
Website : ....
Login : ....
Password : ....
Notes : ....
....

Name	: ....
Website	: ....
Login	: ....
Password	: ....
Notes	: ....

....

Name	: ....
Website	: ....
Login	: ....
Password	: ....
Notes	: ....

....

Name	: ....
Website	: ....
Login	: ....
Password	: ....
Notes	: ....

....

Name	: ....
Website	: ....
Login	: ....
Password	: ....
Notes	: ....

....

A
B
C
D
E
F
G
H
I
J
K
L
M
N
O
P
Q
R
S
T
U
V
W
X
Y
Z

A
B
C
D
E
F
G
H
I
J
K
L
M
N
O
P
Q
R
S
T
U
V
W
X
Y
Z

Name : ....
Website : ....
Login : ....
Password : ....
Notes : ....
....

Name : ....
Website : ....
Login : ....
Password : ....
Notes : ....
....

Name : ....
Website : ....
Login : ....
Password : ....
Notes : ....
....

Name : ....
Website : ....
Login : ....
Password : ....
Notes : ....
....

Name	: ....
Website	: ....
Login	: ....
Password	: ....
Notes	: ....

....

Name	: ....
Website	: ....
Login	: ....
Password	: ....
Notes	: ....

....

Name	: ....
Website	: ....
Login	: ....
Password	: ....
Notes	: ....

....

Name	: ....
Website	: ....
Login	: ....
Password	: ....
Notes	: ....

....

A
B
C
D
E
F
G
H
I
J
K
L
M
N
O
P
Q
R
S
T
U
V
W
X
Y
Z

A
B
C
D
E
F
G
H
I
J
K
L
M
N
O
P
Q
R
S
T
U
V
W
X
Y
Z

Name : ....
Website : ....
Login : ....
Password : ....
Notes : ....
....

Name : ....
Website : ....
Login : ....
Password : ....
Notes : ....
....

Name : ....
Website : ....
Login : ....
Password : ....
Notes : ....
....

Name : ....
Website : ....
Login : ....
Password : ....
Notes : ....
....

Name	: ....
Website	: ....
Login	: ....
Password	: ....
Notes	: ....
	....

Name	: ....
Website	: ....
Login	: ....
Password	: ....
Notes	: ....
	....

Name	: ....
Website	: ....
Login	: ....
Password	: ....
Notes	: ....
	....

Name	: ....
Website	: ....
Login	: ....
Password	: ....
Notes	: ....
	....

A
B
C
D
E
F
G
H
I
J
K
L
M
N
O
P
Q
R
S
T
U
V
W
X
Y
Z

A
B
C
D
E
F
G
H
I
J
K
L
M
N
O
P
Q
R
S
T
U
V
W
X
Y
Z

Name : ....

Website : ....

Login : ....

Password : ....

Notes : ....

....

Name : ....

Website : ....

Login : ....

Password : ....

Notes : ....

....

Name : ....

Website : ....

Login : ....

Password : ....

Notes : ....

....

Name : ....

Website : ....

Login : ....

Password : ....

Notes : ....

....

Name	: ....
Website	: ....
Login	: ....
Password	: ....
Notes	: ....

....

Name	: ....
Website	: ....
Login	: ....
Password	: ....
Notes	: ....

....

Name	: ....
Website	: ....
Login	: ....
Password	: ....
Notes	: ....

....

Name	: ....
Website	: ....
Login	: ....
Password	: ....
Notes	: ....

....

A
B
C
D
E
F
G
H
I
J
K
L
M
N
O
P
Q
R
S
T
U
V
W
X
Y
Z

A
B
C
D
E
F
G
H
I
J
K
L
M
N
O
P
Q
R
S
T
U
V
W
X
Y
Z

Name : ....

Website : ....

Login : ....

Password : ....

Notes : ....

....

Name : ....

Website : ....

Login : ....

Password : ....

Notes : ....

....

Name : ....

Website : ....

Login : ....

Password : ....

Notes : ....

....

Name : ....

Website : ....

Login : ....

Password : ....

Notes : ....

....

Name   : ....

Website   : ....

Login   : ....

Password   : ....

Notes   : ....

....

Name   : ....

Website   : ....

Login   : ....

Password   : ....

Notes   : ....

....

Name   : ....

Website   : ....

Login   : ....

Password   : ....

Notes   : ....

....

Name   : ....

Website   : ....

Login   : ....

Password   : ....

Notes   : ....

....

A
B
C
D
E
F
G
H
I
J
K
L
M
N
O
P
Q
R
S
T
U
V
W
X
Y
Z

A
B
C
D
E
F
G
H
I
J
K
L
M
N
O
P
Q
R
S
T
U
V
W
X
Y
Z

Name : ....
Website : ....
Login : ....
Password : ....
Notes : ....
....

Name : ....
Website : ....
Login : ....
Password : ....
Notes : ....
....

Name : ....
Website : ....
Login : ....
Password : ....
Notes : ....
....

Name : ....
Website : ....
Login : ....
Password : ....
Notes : ....
....

Name : ....

Website : ....

Login : ....

Password : ....

Notes : ....

....

Name : ....

Website : ....

Login : ....

Password : ....

Notes : ....

....

Name : ....

Website : ....

Login : ....

Password : ....

Notes : ....

....

Name : ....

Website : ....

Login : ....

Password : ....

Notes : ....

....

A
B
C
D
E
F
G
H
I
J
K
L
M
N
O
P
Q
R
S
T
U
V
W
X
Y
Z

A
B
C
D
E
F
G
H
I
J
K
L
M
N
O
P
Q
R
S
T
U
V
W
X
Y
Z

Name : ....
Website : ....
Login : ....
Password : ....
Notes : ....
....

Name : ....
Website : ....
Login : ....
Password : ....
Notes : ....
....

Name : ....
Website : ....
Login : ....
Password : ....
Notes : ....
....

Name : ....
Website : ....
Login : ....
Password : ....
Notes : ....
....

Name : ....

Website : ....

Login : ....

Password : ....

Notes : ....

....

Name : ....

Website : ....

Login : ....

Password : ....

Notes : ....

....

Name : ....

Website : ....

Login : ....

Password : ....

Notes : ....

....

Name : ....

Website : ....

Login : ....

Password : ....

Notes : ....

....

A
B
C
D
E
F
G
H
I
J
K
L
M
N
O
P
Q
R
S
T
U
V
W
X
Y
Z

A
B
C
D
E
F
G
H
I
J
K
L
M
N
O
P
Q
R
S
T
U
V
W
X
Y
Z

Name : ....
Website : ....
Login : ....
Password : ....
Notes : ....
....

Name : ....
Website : ....
Login : ....
Password : ....
Notes : ....
....

Name : ....
Website : ....
Login : ....
Password : ....
Notes : ....
....

Name : ....
Website : ....
Login : ....
Password : ....
Notes : ....
....

Name : ....

Website : ....

Login : ....

Password : ....

Notes : ....

....

Name : ....

Website : ....

Login : ....

Password : ....

Notes : ....

....

Name : ....

Website : ....

Login : ....

Password : ....

Notes : ....

....

Name : ....

Website : ....

Login : ....

Password : ....

Notes : ....

....

A
B
C
D
E
F
G
H
I
J
K
L
M
N
O
P
Q
R
S
T
U
V
W
X
Y
Z

A
B
C
D
E
F
G
H
I
J
K
L
M
N
O
P
Q
R
S
T
U
V
W
X
Y
Z

Name : ....

Website : ....

Login : ....

Password : ....

Notes : ....

....

Name : ....

Website : ....

Login : ....

Password : ....

Notes : ....

....

Name : ....

Website : ....

Login : ....

Password : ....

Notes : ....

....

Name : ....

Website : ....

Login : ....

Password : ....

Notes : ....

....

Name : ....

Website : ....

Login : ....

Password : ....

Notes : ....

....

Name : ....

Website : ....

Login : ....

Password : ....

Notes : ....

....

Name : ....

Website : ....

Login : ....

Password : ....

Notes : ....

....

Name : ....

Website : ....

Login : ....

Password : ....

Notes : ....

....

A
B
C
D
E
F
G
H
I
J
K
L
M
N
O
P
Q
R
S
T
U
V
W
X
Y
Z

A
B
C
D
E
F
G
H
I
J
K
L
M
N
O
P
Q
R
S
T
U
V
W
X
Y
Z

Name   : ....

Website   : ....

Login   : ....

Password : ....

Notes   : ....

....

Name   : ....

Website   : ....

Login   : ....

Password : ....

Notes   : ....

....

Name   : ....

Website   : ....

Login   : ....

Password : ....

Notes   : ....

....

Name   : ....

Website   : ....

Login   : ....

Password : ....

Notes   : ....

....

Name : ....

Website : ....

Login : ....

Password : ....

Notes : ....

....

Name : ....

Website : ....

Login : ....

Password : ....

Notes : ....

....

Name : ....

Website : ....

Login : ....

Password : ....

Notes : ....

....

Name : ....

Website : ....

Login : ....

Password : ....

Notes : ....

....

A
B
C
D
E
F
G
H
I
J
K
L
M
N
O
P
Q
R
S
T
U
V
W
X
Y
Z

A
B
C
D
E
F
G
H
I
J
K
L
M
N
O
P
Q
R
S
T
U
V
W
X
Y
Z

Name   : ....
Website   : ....
Login   : ....
Password   : ....
Notes   : ....
            ....

Name   : ....
Website   : ....
Login   : ....
Password   : ....
Notes   : ....
            ....

Name   : ....
Website   : ....
Login   : ....
Password   : ....
Notes   : ....
            ....

Name   : ....
Website   : ....
Login   : ....
Password   : ....
Notes   : ....
            ....

Name : ....

Website : ....

Login : ....

Password : ....

Notes : ....

....

Name : ....

Website : ....

Login : ....

Password : ....

Notes : ....

....

Name : ....

Website : ....

Login : ....

Password : ....

Notes : ....

....

Name : ....

Website : ....

Login : ....

Password : ....

Notes : ....

....

A
B
C
D
E
F
G
H
I
J
K
L
M
N
O
P
Q
R
S
T
U
V
W
X
Y
Z

A
B
C
D
E
F
G
H
I
J
K
L
M
N
O
P
Q
R
S
T
U
V
W
X
Y
Z

Name : ....

Website : ....

Login : ....

Password : ....

Notes : ....

....

Name : ....

Website : ....

Login : ....

Password : ....

Notes : ....

....

Name : ....

Website : ....

Login : ....

Password : ....

Notes : ....

....

Name : ....

Website : ....

Login : ....

Password : ....

Notes : ....

....

Name   : ....

Website   : ....

Login   : ....

Password   : ....

Notes   : ....

....

Name   : ....

Website   : ....

Login   : ....

Password   : ....

Notes   : ....

....

Name   : ....

Website   : ....

Login   : ....

Password   : ....

Notes   : ....

....

Name   : ....

Website   : ....

Login   : ....

Password   : ....

Notes   : ....

....

A
B
C
D
E
F
G
H
I
J
K
L
M
N
O
P
Q
R
S
T
U
V
W
X
Y
Z

A
B
C
D
E
F
G
H
I
J
K
L
M
N
O
P
Q
R
S
T
U
V
W
X
Y
Z

Name : ....

Website : ....

Login : ....

Password : ....

Notes : ....

....

Name : ....

Website : ....

Login : ....

Password : ....

Notes : ....

....

Name : ....

Website : ....

Login : ....

Password : ....

Notes : ....

....

Name : ....

Website : ....

Login : ....

Password : ....

Notes : ....

....

Made in the USA
Coppell, TX
02 November 2023

23757505R00066